KB200554

사랑은 움직이는 거야

To my love

사랑은 움직이는 거야

글 | 김수경

규장

_ 프롤로그

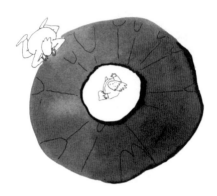

　　이 책을 처음 쓰던 당시의 제 모습이 생각납니다. 모든 인간관계 속에서 혹시 작은 상처라도 받을까 전전긍긍하며 마음의 문을 닫고 지냈던 제 모습. 연약한 모습이지만 반면 이기적인 모습이기도 했습니다.

　　성경의 말씀과 제 삶의 괴리 때문에 늘 고민했습니다. 성경은 예수께서 하신 것과 같은 두려움 없는 사랑, 자신을 내주는 사랑을 하라고 끊임없이 제게 요청하고 있었죠. 하지만, 조건 없이 사랑하기란 왜 그리 힘든 것일까요?

언제나 눈에 보이지 않는 견고한 방어기지를 구축하고 '절대로 상처받지 않을 테야!' 하고 촉각을 곤두세우고 있는 제 모습이 참 실망스러웠습니다. 나를 보호하고 사람들에게도 상처 주지 않으려고 만든 방어요새가 오히려 우리 모두에게 상처를 입히고 있다는 사실을 깨달았을 때 무척 당황스러웠습니다.

그때부터 사람들이 입고 있는 각각의 항아리들이 눈에 들어오기 시작했습니다. 하나님께서는 우리들의 이런 방어적인 사랑법에 대해서 무엇이라고 말씀하시는지 궁금해졌습니다. 하나님의 사랑은 도대체 어떤 방식일까, 그것도 궁금했습니다.

이 책은 사랑에 관한 책입니다. 진정한 사랑의 방식에 관한 책입니다. 저는 말씀을 통해 그것을 배웠고, 오랜 시간이 지나 이제는 하나님의 사랑 방식을 서툴게나마 아주 조금 흉내낼 수 있게 되었습니다. 그러나 아직도 멀었습니다. 아마도 저는 평생을 두고 하나님의 사랑을 감히 흉내라도 내보려고 애쓰며 살아야 할 것입니다.

이 책은 사랑에 대해 고민하는 모든 분들과 나누고 싶은 이야기입니다. 이기적이고 방어적인 사랑이 만연한 이 세상에서 어떻게 하면 가치 있고 진정한 사랑을 할 수 있을까 고민하는 여러분들께 이 책이 작은 지침이 되기를 열망합니다.

김수경

유치원 때의 일이었다.
어느 날 선생님이 아이들 중 반을
의자에 둥글게 앉혀놓고는 서 있는 우리들에게
"자, 어린이 여러분, 각자 자기가
좋아하는 친구 앞에 가서 앉으세요."
하고 말했다.
나는 당연히 평소에 흠모하던 그 아이
발치에 가서 앉았다.
그런데, 그 순간 실로 엄청난 일이 터졌다.

그 아이가 내 등을 발길로 뻥 차버리는 것이 아닌가!
내가 자기 앞에 앉는 것이 싫다는 뜻이었다.
내가 나중에 '찼다' 라는 말을 알게 되었을 때
나는 이 말이 바로 나 때문에
생긴 말일 거라고 생각했다.

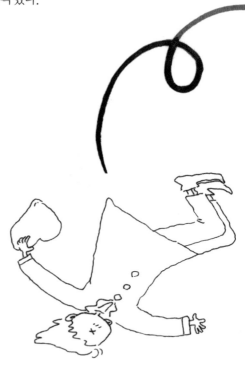

요컨대 나는 그에게 거절당한 것이다.

나는 억장이 무너지는 듯한 마음으로

그 자리에서 주춤거리며 일어나 뒤로 물러났다.

그 자리에는 다른 아이가 앉았고,

나는 더 이상 다른 누구의 앞에도

가서 앉을 수 없었다.

그것은 나에게 참으로 충격적인 사건이었다.

'나…… 나를 거부하다니…….'

나는 그때 처음으로

거절당하여 받는 상처의 고통이

무엇인지를 알게 되었다.

그때 내 자존심은 무참히 박살났고,

나는 막연하게 이런 생각을 했던 것 같다.

'내 마음을 겉으로 표현한다는 것은 위험한 거야.'

그 후로 나는 다른 이들에게

내 마음을 보여주지 않게 되었다.

'보여주면 다친다' 라는 생각이 신념과도 같이

일찍부터 내 의식의 밑바닥에 자리잡았기 때문이다.

그렇게 나는 살아가기 시작했다.

살아가면서 많은 사람을 만났다.
그들 모두와 잘 지낸 편이지만
그중 몇몇에게는 조금 더 호감을 느꼈다.

사랑은 용기 있는 자의

어떤 한 사람에게 다가가고 싶어졌다.

그렇지만 내가 그에게 호감을 갖고 있다는 사실은

숨기기로 했다.

그쪽이 먼저 호감을 나타내면

그때 "사실은 나도⋯⋯." 하는 것이

안전할 것 같았기 때문이다.

사랑은 공지 아는 게야

우리는 가까이 서서 꽤 오랫동안 이야기했다.

그런데 이건 내 느낌이지만

어쩐지 그는 내가 다가간 것을

그다지 반기는 것 같지 않았고,

때로는 부담스러워하는 듯한 기색을 보였다.

나는 기분이 나빠졌다. 그래서 선수를 쳤다.
"사실 나도 네게 그렇게 관심이 있었던 건 아니야."
라는 태도를 취한 것이다.
그리고는 그가 나를 정식으로 거절하기 전에
서둘러 그에게서 떨어져 섰다.

뭐 그렇다고 아주 떠났다는 건 아니다.
그저 어느 정도 필요한 만큼의 거리를 사이에 두고서
우린 만나면 서로 예전과 똑같은 체하며
반갑게 웃고 수다를 떨기도 했다.
상당히 어색하고 피곤한 일이었지만
그래도 거절당하는 것보다는 나은 일이었다.

그런데 이상하게도 마음 한구석이 쓰려왔다.

아무래도 그가 날 좋아하지 않는 이유는
내가 부족하고 못나서인 것 같았다.
그래서 나는 '앞으로 내가 잘하고 자신있는 것만
보여줄 거야.' 하고 마음먹었다.

그때 누군가가 나에게 다가왔다.
그는 참 멋진 사람이었다.
그에 비하면 나는 너무나 못나고 모자라서
그가 나를 더 많이 알게 되면
실망하여 떠나버릴까봐 걱정이 되었다.

그래서 나는 그에게

나의 좋은 점과 잘하는 것만을 보여주기 시작했다.

그가 감탄의 표정을 지으며

나를 존경의 눈길로 쳐다보는 것이 기분 좋았다.

'이만하면 나를 떠나지 않겠지.'

나는 더욱더 자랑을 늘어놓았다.

그런데 시간이 흐르자 점점 힘들어졌다.
잘난 모습만 보여주려다 보니
그를 대할 때마다 혹 실수나 하지 않을까
언제나 극도의 초긴장 상태로 지냈다.
피곤이 쌓여갔다.

게다가 그는 점점 나를 어려워하는 것 같았고

조금씩 뒤로 물러서면서

나를 자신 없이 대하기 시작했다.

나는 두려워졌다.

이대로 가다가는 그가 곧 나를 떠나버릴 것만 같았다.

'또 거절당하게 되면…….'

생각조차 하기 싫은 일이었다.

그래선 절대 안 된다.

이번에도 나는 재빨리 그로부터 멀찍이 떨어졌다.

그가 지치고 슬픈 눈으로 나를 바라보고 있었다.

거절은 모면했지만

이상하게도 가슴이 저렸다.

'그가 좋아할 모습만 보여줬는데 왜…….'

나는 점점 사람을 대하는 일에 자신이 없어졌다.

내가 잘난 모습이든지 못난 모습이든지
그가 날 떠날지도 모른다는 걱정을 할 필요가 없는,
그런 안전한 사랑을 받고 싶다는 마음뿐이었다.

이제 나는 나를 필요로 하는 사람에게만

다가가기로 마음먹었다.

적어도 그런 사람이라면

나를 거절할 리 없을 것이라고 생각했기 때문이다.

그 즈음에 나는 또 한 사람을 알게 되었다.

그는 무척 고달파 보였고 삶의 희망도 없는 듯했다.

누군가 옆에서 부축해줘야 할 것 같았다.

내가 그에게 도움을 줄 수 있는 사람이

될 수 있을 것 같아 기뻤다.

그는 내가 다가가기 힘든 곳에 있었다.

그래도 나는 그에게로 갔다.

그런데,

그가 나를 간절히 기다리고 있을 줄 알았던

내 기대와 달리

그는 나의 다가감이 불쾌하다는 듯이 나를 외면했다.

나는 다가가다 말고 멈칫 서버렸다.

'도대체 그의 진심이 무엇일까?'

사랑은 **용기** 있는 거야

사랑은 이기는 거야

나는 더 이상 다가갈 용기가 나지 않았다.

기껏 내가 가서 그의 무거운 어깨를 부축해주었는데

그가 만약 "왜 쓸데없이 내게 관여하는 거야?" 한다면

나는 그 인격적인 모멸감을 어떻게 감당할 수 있을까.

나는 발걸음을 멈추고

더 이상 다가가지는 않은 채로

그의 주변을 뱅글뱅글 맴돌기만 했다.

그저 가끔 말로만 "힘을 내." "너무 걱정하지 마."

이렇게 격려해 주었다.

여전히 그는 불안정하고 힘들어 보였지만

거기에 계속 있고 싶어하는 것 같기도 했다.

그는 내게 아무런 요구도 해오지 않았고,

그래서 나 역시 그가 원치 않는 친절은

굳이 베풀지 않기로 했다.

솔직히 말하면 그에게

별로 필요없는 존재로 확인될까봐

두려웠던 것이다.

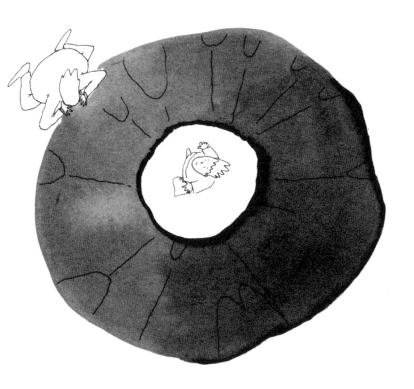

한참을 그의 주변에서 서성거리다가
이윽고 나는 혼자서 결론을 내렸다.
"나는 그에게 아무런 존재도 아니야.
그에게 중요한 사람이 될 수 있을 거라고 믿었는데
그는 내가 필요 없어."
이렇게 생각하니
너무나 내 자신이 초라하게 느껴져 슬펐다.
나는 또 그에게서 멀리 도망쳤다.

내가 어느 누구에게도
별로 소중한 존재가 아니라는 생각은
내 가슴을 너무도 아프게 했다.
이 일로 나는 심하게 상처를 받았다.
상한 내 마음은 끝없이 이렇게 외치고 있었다.
'나에게는 그 누구보다도 나를 소중하게 여겨줄
누군가가 필요해!'

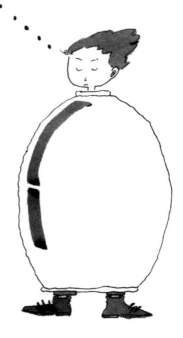

사랑은 용지 아는 게야

이제 나는 이러저러한 상처들로부터

나를 보호하기로 결심했다.

나는 내 마음이 보이지 않도록 깊숙이 감추었다.

사랑을 아는 것은

이렇게 하니 참 편리했다.
상처도 덜 받을 뿐만 아니라
인간관계도 깔끔하고 세련되어갔다.
누군가에게 호감이 생겨도
항아리 속에서 모두 처리되고 해결되니
자존심 상할 일도 없고,
또 누군가가 호의적인 태도를 보이면
역시 항아리 속에서 '믿지마. 다쳐.' 하면서
미리 경계하고 정리할 수 있게 되었으니까.
그래서 감정이 드러나지 않는 내 겉모습은
언제나 산뜻해 보였다.
어떤 사람은 그런 내게 호기심이 생겼는지
호의적으로 다가왔다가
항아리가 처리해준 나의 무반응으로
상처를 입고 돌아가기도 했다.

자세히 보니 이제 그들도 모두
나처럼 항아리를 뒤집어쓰고 있었다.

"어? 저들에게도 무슨 상처가 있나?
……이해할 수가 없군."

어쨌든 이제 모두들 항아리를 입었으니
더 이상 두려워 할 필요가 없을 거라고 안심했는데
그렇지가 않았다.
호감이 가는 사람에게
항아리 두께를 생각 못하고 가까이 다가갔는데,
종류가 다른 서로의 딱딱한 항아리끼리 부딪치자
귀에 몹시 거슬리는 소리가 났다.
이러다가 항아리에 금이 가 깨져버릴까봐 겁이 나서
우리는 서로 멀찍이 떨어졌다.
항아리를 입었어도 어느 정도 거리를 유지하는 것이
피차 안전하겠구나 하는 생각이 들었다.

우리는 서로의 항아리가 스치거나 부딪치지 않도록

조심조심 움직였다.

우리는 이만큼 떨어져 선 채로

멀리서 호의적인 미소만 교환할 뿐,

이제 누구도 먼저 다가갈 생각을 하지 않았다.

항아리는 아주 멋진 도구였다.
우리는 서로를 건드리지 않았기 때문에
싸울 일도 없었다.
이젠 항아리가 몸에 맞아 편해졌고
항아리 덕분에 서로 적당히 떨어져서
피차 관여하지 않고 지낼 수 있어서 좋았다.

나는 우리가 서로 모든 것을 관대하게 용납해주는
매우 친한 사이가 되었다고 생각했다.

그런데 참 이상한 일은……

'친구도 많고 인간관계도 원만한데,
왜 자꾸 외로운 느낌이 드는 거지?'

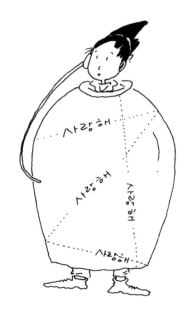

내가 슬픈 일을 호소하면
그들은 금세 걱정스런 얼굴로
"안됐구나." 하고 말했다. 그러나 그것은 그들에게
그날의 깜짝 이벤트에 지나지 않는다는
느낌이 들었고,
그들의 동정의 눈빛도 며칠 가지 않았다.

또 내가 기쁜 일을 나누면 그들은 미소를 지으며
"축하해. 나도 기쁘구나." 하고 말해주었지만
결코 기쁘지 않은 얼굴로 돌아갔다.
그러면서 그들은 덧붙이기를
"너를 사랑해."라고 했다.
그러나 내게 그 말은
매우 공허한 울림에 지나지 않았다.

그러나 나도 역시 그들의 기쁨에 대해 무관심했고
슬픔에 대해 뒷감당하는 것도 부담스러웠다.
예의상 "너를 사랑해."라는 말을 남발하여
"저 애는 참 좋은 사람이야."
라는 평판을 따내긴 했지만
사실 나는 누구의 삶에도 깊이 관여하고 싶지 않았다.

나중에 내가 이러한 내 모습을 발견하고
고쳐보고자 했을 때는 이미
이러한 모습이 내 삶의 형태가 되어버린 후였다.

매일매일

혼자라는 느낌에 휩싸여 공허했다.

그들이 내게 사랑한다고까지 말해주어도

조금도 내가 사랑받고 있다고 느껴지지 않았고

내 고독 역시 조금도 해결되지 않았다.

그들도 그다지 밝은 얼굴은 아니었다.

'사랑이란 게 고작 이런 거란 말인가?

사랑은 뭔가 다른 것일 거라고 생각했었는데⋯⋯.'

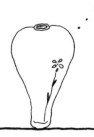

'아니야, 애초부터 사랑이란 이런 거였는지 몰라.
뭘 모르는 낭만주의자들이 사랑을
뭐 대단히 위대한 것이라도 되는 양 치켜세운 거지.
⋯⋯그래, 내가 생각하는 그런 사랑은
이 세상에 존재하지 않아.'

'⋯⋯그래도 ⋯⋯있었으면 좋겠다.
그런 사랑 좀 원 없이 받아봤으면⋯⋯.'

'……그렇지만 나도 못하는데
누군들 그런 사랑을 할 수 있겠어?'

그 무렵

나는 어떤 분에 대한 이야기를 우연히 듣게 되었다.

내가 전해들은 바에 따르면

세상의 모든 것들이

그분으로부터 비롯되었다고 했다.

사람도 그분의 손으로 지어졌다고 했다.

그분은 사람을 너무나 아끼고 사랑했는데

어느 날

사람이 그분을 배반하여 죄를 지었고

그분을 떠나버렸다고 했다.

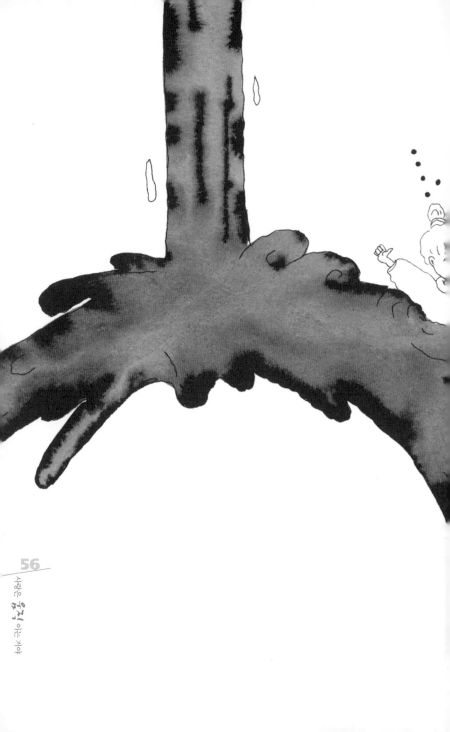

세상은 유지 아는 재미

그 후로 사람은 자기들 마음대로 살기 시작했다.

그 결과 이 세상엔 미움과 시기, 싸움과 더러움으로

가득차 버렸다.

아름다웠던 세상은 썩은 냄새로 진동하기 시작했다.

그런데도 사람은 거기서 뒹굴면서

자기들은 서로 사랑한다고, 행복하다고

자신만만하게 외치며 살았다.

보다 못한 그분은 사람들을 설득하기 시작했다.
이제 내게 다시 돌아오라고.
그전처럼 나와 함께 완전한 행복을 누리자고.
그러나 아무리 설득을 해도 그들은
들은 척도 하지 않았다.

그분이 가슴이 너무나 답답해서
돌아오지 않으면 죽게 된다고 경고했다.
사람들은 잠시 멈칫하더니 개의치 않는다는 듯이
다시 썩은 냄새가 진동하는 그 물속에서 뒹굴었다.

그들은 점점 그 늪으로 빠져들어가고 있었는데
그것을 깨닫지 못했다.

사랑은 숲기

그분은 그 죽음의 늪에서

사랑하는 사람들을 건져내고 싶었으나

사람들은 거기가 안전하다고 생각했다.

그런 사람들의 모습을 보며
그분은 제발 내게로 돌아오라고,
내가 이토록 기다리고 있는데
왜 듣지 않느냐고 눈물로 호소했지만
사람들은 콧방귀만 뀔 뿐이었다.

이제 사람들은 그분의 기나긴 짝사랑을
받고 있다는 사실조차도 부담스러워서
그분이 존재한다는 것마저 잊어버리려고 애를 썼다.

사랑은 움직이는 거야

사람들은 그들의 세계에 조금씩 더 가라앉고 있었다.

그들이 자신의 진실과 사랑을 믿어주지 않자
다급해진 그분은 무서운 결심을 하기에 이르렀다.
'죽음으로써 내 사랑을 증명하겠다.'
그분은 자기들이 죽어가는 줄도 모르고 계속
그분을 거절하고 외면하는 그들을 구해내려는
계획을 세웠다.

그분은 마침내
사람들이 있는 죽음의 늪으로 자신의 몸을 던졌고,
거기서 허우적거리고 있는 사람들을
자신의 몸으로 떠받쳐 올리기 시작했다.
자신은 그 죽음의 늪으로 빠져들어가면서도
사랑하는 사람들만은 사력을 다해
밖으로 밀어내었다.

결국 그분은 사람들을 대신하여
혼자 늪에 가라앉았다.
그러자 죽음의 늪이 마구 요동치며
자신의 승리를 기뻐하였다.

뭍으로 구출된 사람들은
그제서야 자기들이 죽을 뻔했었다는 것을 알게 되었고,
자신들을 대신해 죽은 그분으로 인해 슬퍼하며
그분이 가라앉은 늪을 마냥 바라보았다.

사랑은 늪지 아는 거야

새롭은 유지 아는 키야

……3일 뒤,
사람들은 그 죽음의 늪에서 당당하게 걸어나오는
그분을 보았다.

뭍에 있던 사람들은 모두
그분의 발 앞에 엎드려 통곡하기 시작했다.
그분은 조용히 그들을 감싸안으며 목멘 소리로 말했다.
"……괜찮아. 죽음 같은 건 두렵지 않았어.
너희를 사랑하니까……."

새로운 우리 아는 게야

이 이야기는 나에게 큰 충격이었다.

사람들로부터 수없이 배반과 거절을 당했음에도

그 사랑을 단념하지 않고

끊임없이 그들을 부르고 기다려온 그 헌신적인 사랑과,

결국엔 죽음까지도 불사한 바보 같은 사랑 이야기가

나의 가슴에 깊숙이 꽂혔다.

그런데…… 그분이 그 사랑으로

바로 나를 사랑하고 계시다는 것이었다.

그때 내 눈에는 뜨거운 눈물이 솟구치기 시작했다.

'아아, 이것이 사랑이야.'

나는 그분의 사랑을 받아들이기로 결정했다.

그분의 사랑보다 더 이상 안전한 사랑은 없었다.

내가 형편없다는 걸 다 알면서도

다가와주신 분이기 때문이다.

나를 위해 죽을 정도라면

내가 그분께 얼마나 소중한 존재인지

알 만하지 않은가!

나는 그분의 사랑 안에서 점점 안정을 찾기 시작했다.

그분은 무조건적으로 나를 사랑하고 있었다.

나도 그분이 자꾸만 더 좋아졌다.

사랑은 유치 이는 거야

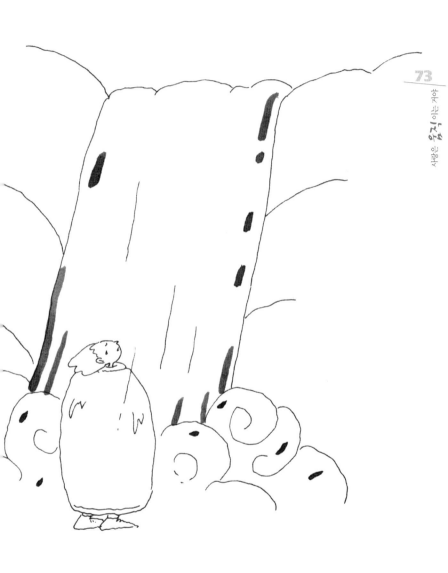

사랑은 눈을 아는 것이

나는 주위의 항아리들에 대한 생각을

까맣게 잊어버리고

한동안 그분을 알아내고 연구하는 데만 몰두하여

완전히 정신이 팔려 있었다.

그분의 생각과 성품을 알면 알수록

그분을 사랑하지 않을 수 없었다.

이렇게 매력적인 분이 날 사랑한다는 사실이

너무나 자랑스러워 견딜 수 없을 지경이었다.

나는 그분으로부터 열렬하게 사랑받고 있다는 것을
그동안 잊고 지냈던 다른 항아리들에게 가서
자랑하기 시작했다.
물론 항아리가 닿으면 곤란하니까 멀찍이 서서
그들에게 "그분이 날 사랑한다니까!"
"너희도 사랑하신단 말이야!" 하고
큰소리로 외쳐대었다.

사랑은 용기 있는 자의

그런데 놀랍게도 그들은 내 말을
전혀 이해하지 못했고,
그나마 이제까지 보여주던 미소 위에
비웃음이 떠오르는 게 아닌가!

나는 매우 속이 상했다.

그들이 나를 소외시키고 있는 것 같았다.

나는 그분에게 하소연했다.

세상은 묻고 아는 세야

"저들이 내 말을 믿지 않고 오히려 비웃어요."

"……그래, 나도 그런 경험이 있단다."

나는 계속 그분에게 어리광 섞인 말투로 하소연했다.

"당신은 나를 받아들여 주셨는데

그들은 그렇지 않아요. 그래서 난 외로워요.

그들에게 다가가기 싫어요. 다칠까봐 무서워요."

"사람들이 너를 거절한다 해도

너는 이제 내 사랑 안에서 안전하단다.

그러나 그들은 아직도 불안해 하고 있다."

나는 깜짝 놀랐다.

한번도 그런 식으로 생각해본 적이 없었던 것이다.

나는 언제나 미소를 지으며 사는 그들을
다시 주의깊게 쳐다보았다.
그들의 미소 속에
고독이 깃들어 있는 것을 발견했을 때
나는 정말 놀랐다.
저들은 그래도 자기들끼리 행복한 줄 알았는데…….
'어쩌면 그들이야말로
나에게 소외당하고 있었던 건 아닐까?
그들이 오히려 상처받고 있을지도 모른다는 생각이
머리를 스쳐갔다.

갑자기 그들에 대해 안타까운 마음이 생겼다.

그들이 얼마나 외롭고 아픈지

충분히 짐작할 수 있었다.

'사랑이 필요한 거야.'

내가 그들에게 먼저 다가가야겠다고 생각했다.
내게 이런 마음이 생겼다는 것이
스스로 생각해도 장했다.

나는 옛날의 그 친구에게로 다가갔다.
'이제 내 마음을 먼저 보여줄 수 있어.'
항아리 속에서 내 손은 이미
마음을 꺼낼 태세를 갖추고 있었다.
그런데 막상 그의 심드렁한 얼굴을 보는 순간
도저히 마음을 꺼낼 용기가 나지 않았다.

그의 앞에서 한참을 망설이며 서 있으려니
그가 불안한 기색으로 나를 경계하는 것 같았다.
나는 뒤를 돌아보았다.
그분이 나를 지켜보고 계셨다.
그분의 눈은 내게 용기를 내라고
말씀하고 있는 것 같았다.

나는 눈을 질끈 감고
마음을 쥔 손을 항아리 밖으로 빼려고 했다.
그런데 이게 웬일인가!
어느 사이엔가 항아리가 몸에 붙어버려서
아무리 애를 써도 마음을 밖으로 꺼낼 수가 없었다.

나는 좌절감을 안고 그의 앞을 떠났다.
힐끗 돌아보니 그의 표정이 일그러져 있었다.
나는 가슴이 터질 것만 같았다.

나는 그분에게로 돌아와 울었다.

"저는 사람을 사랑하지 못해요. 절망적이에요."

그분이 말했다.

"나는 사랑이다."

"그들은 당신의 사랑도 알지 못해요."

나는 가슴이 아파서 소리를 내어 흐느꼈다.

"이때껏 나를 본 사람이 없었다.

그러니 알지 못하는 게 당연하다.

그러나 만약 네가 서로 사랑하면

내가 너희 안에 함께 있어서

나의 사랑이 너희 안에서 온전히 이루어질 것이다.

그때 비로소 그들이 나를 알게 될 것이다."

나는 울음을 그치고 그분에게 말했다.

"그렇지만 내 항아리가 그것을 방해해요.

이 항아리는 이미 나에게 꼭 붙어버려서

몸에서 빠지지 않아요.

방법은 깨뜨리는 것뿐인데,

깨질 때 제 마음이 같이 부서져버릴까봐 두려워요.

그리고 제 마음이 모두에게 노출되는 것도

겁이 나고요."

"네가 정말 사랑하기 원하니?"

"예, 당신이 저를 그토록 사랑해주셨는데
저도 당신과 같은 사랑을 하고 싶어요."

그분은 나의 고백에 기쁜 듯 조용히 고개를 끄덕였다.

"그렇다면 내가 했던 그대로 해라."

"......!"

"내가 죽음을 무릅쓰고 네게 왔던 것처럼."

그분은 계속 나에게 말씀하셨다.

"사랑 안에는 두려움이 없으며

온전한 사랑은 두려움을 내어쫓는단다."

"사랑은 자신의 유익을 구하지 않는다.

자기의 자존심, 자기의 안전, 자기의 감정 손해를

계산하는 것은 사랑이 아니다."

"사랑은 자기를 내어주는 것이요,

자기를 희생하는 것이다."

그분의 말씀에 새롭게 용기를 얻은 나는
사랑의 이론으로 단단히 무장을 하고
옛날의 그 친구에게로 다가갔다.

그런데 막상 나를 보는
그의 짐스러워하는 눈빛을 보니
그 앞에서 항아리를 부술 용기가 나지 않았다.
'깨뜨리다가 나만 심하게 다치면 어떡해.'

……결국 나는 그에게 그분의 사랑에 대해
이론 강의만 잔뜩 떠들어대고는 되돌아오고 말았다.
그는 변함없이 나의 '잘난 척하는 태도'에
또다시 상처를 받은 듯했다.
나는 깊은 패배감을 맛보았다.

나는 도무지 그분을 뵐 용기가 나지 않았다.

그분이 먼저 말을 꺼냈다.

"사랑해라."

나는 갑자기 화가 치밀었다.

그분이 내게 도무지 무리한 요구를

하신다는 생각이 들어서였다.

"당신도 보셨잖아요. 틀렸어요.

내 안에 그런 사랑이 없다구요."

그분은 빙그레 웃으셨다.

"이제 그것을 알았니?"

"네?"

나는 놀란 눈으로 그분을 쳐다보았다.

"너의 사랑으로는 사람을 온전히 사랑할 수 없단다.
인간의 사랑은 불완전하고 이기적인 것이야."

나는 고개를 끄덕였다.
내 안전을 포기할 수 없는 것이
내 사랑의 한계인 것을 뼈저리게 느꼈으니까.

"그럼 어떻게 하라는 말씀이세요?"
나는 다시 항변하듯이 그분에게 물었다.
"나의 사랑으로 사랑해라."

"나의 사랑을 흉내내려 하지 말고
네 속에 있는 나의 사랑으로 사랑해라.
너를 위해 내가 내 전부를 던졌듯이
너도 네 전부를 던져 그를 사랑해라."

"하지만 그랬다가 그에게서 아무런 반응이 없으면
나와 당신의 사랑만 낭비하는 거잖아요?"

"……너는 지금
네가 그들로부터 사랑받고 싶어서
사랑하겠다는 것이냐,
아니면 네가 나에게 사랑받고 있기 때문에
그들을 사랑하겠다는 것이냐?"
그분의 질문은 정곡을 찌르고 있었다.
나는 항상 내가 받을 사랑을
먼저 계산에 넣고 있었으니까.
그것이 내 사랑의 방식이었던 것이다.

그분이 엄중하게 말씀하셨다.

"네가 내 사랑으로 그들을 사랑하면

그 사랑은 힘이 있어서

내가 얼마나 그들을 사랑하고 기다려왔는지

그들이 알게 될 것이다."

사랑은 웃지 아는 거야

나는 고개를 돌려
구덩이 속에 있는 옛날의 그 친구를 바라보았다.
그에 대해서는 책임감을 느낄 뿐
좋아하는 감정이 있는 것은 아니었다.

나는 그분에게 물었다.
"하지만 적어도 사랑이란 건
뭔가 끈끈한 정이나 그리움 같은 감정이
있어야 되는 것 아닌가요?"

그분이 대답했다.

"감정은 순간적인 것이다.

그러나 사랑은 오래 참고,

믿고, 바라고, 견디며, 기다리는 것이다.

너는 네 의지를 사용해야 한다."

나는 이의를 제기했다.

"하지만 내가 좋아하지도 않는 사람을

그렇게 사랑한다는 건 무리예요.

조금이라도 좋아할 만한 조건이 있으면 좋을 텐데."

"……네게는 어떤 조건이 갖춰져 있었지?"

"……!"

"사랑해라. 이건 권유가 아니라 명령이다."

나는 그의 구덩이를 바라보며 오랜 시간을 망설였다.
'내가 과연 그를 사랑할 수 있을까?'
그러나 그것보다도 더욱 분명한 것은
'나는 정말로 사랑하고 싶다'는 것이었다.
내가 그분의 사랑을 받았을 때
안전하고 행복했던 그 경험을
그도 누리게 되기를 간절히 원했다.

괴롭고 슬픈 표정으로 홀로 그곳에 서 있는 그를 보자
마음 깊은 곳에서부터 그의 고통이 느껴져왔다.

사람은 무지 아는 거야

'이것이 그분의 마음일까?'

그에게 가야겠다고 생각했다.
그러나 정작 그가 날 필요로 하는지
전혀 확신이 없는 상태여서
골이 깊은 그에게 다가가기란
모험이나 다름없는 일이었다.

'꼭 내가 아니더라도 그가 원하는 다른 누군가가
해줘도 될 텐데…….'

나는 누구에게든 책임을 미뤄버리고 싶었다.
그러나 그분은 바로 내가
그에게 가장 필요한 사람이라고
말씀하고 계시는 것 같았다.

"으아~."
막상 다가가서 보니 생각했던 것보다
그의 골은 훨씬 깊고 위험했다.
저길 뛰어들면 내 항아리가 다 부서질 텐데,
아무런 보호 장비도 없는 내게
그가 만약 "저리 가!" 한다면?
순간 아찔했다.

사랑은 용기 있는 자야

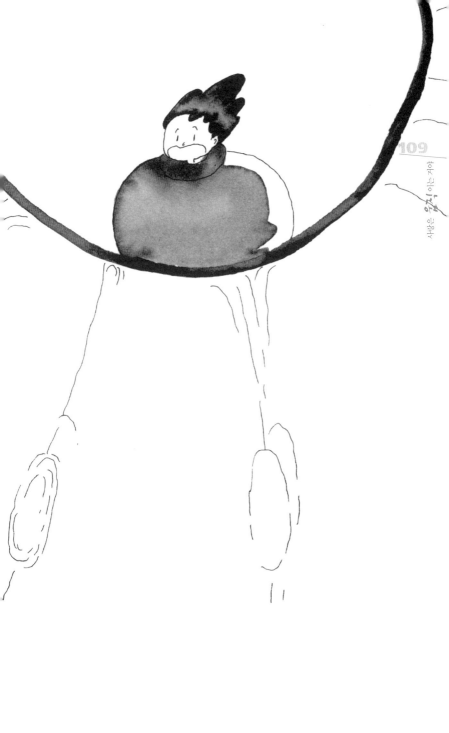

또다시 겁이 났다.
한동안 그의 주변을 서성이다가
문득 억울하다는 생각이 들었다.

사랑은 용기 있는 거야

나는 다시 그분에게 돌아가 따졌다.

"어째서 꼭 제가 먼저 희생해야 하나요?

저도 이만하면 할 만큼은 했다고 생각해요.

그가 먼저 내게 다가오는 기쁨을

저는 누리면 안 되는 건가요?"

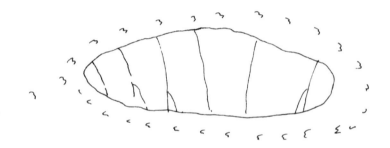

그분은 잠시 내 눈을 들여다보더니

이렇게 말씀하셨다.

"……아무리 주어도 아직도 다 못 주었다고

생각하는 것이 사랑이다."

나는 얼굴이 뜨거웠다.

나야말로 그분에게 도무지 갚을 길이 없는

사랑의 빚을

지고 있는 사람이라는 사실이 떠올랐기 때문이다.

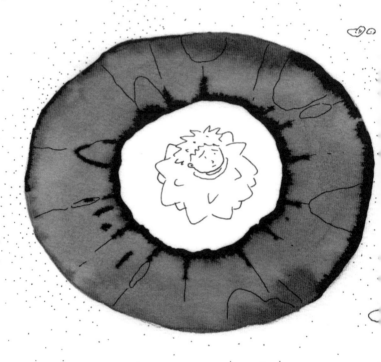

새로운 꿈을 아는 지아

나는 다시 그의 구덩이 앞으로 돌아왔다.

그 깊이를 알 수 없는 구덩이 앞에서 나는

죽음의 공포를 느꼈다.

'나는 저기서 죽을지도 몰라.'

나는 덜덜 떨면서 구덩이 속의 그를 바라보았다.

그때 그분이 엄중하게 선언했다.

"네가 사망의 음침한 골짜기로 다닐지라도

해를 입지 않을 것이다.

내가 너를 보호하겠다. 내가 너와 함께하겠다.

그러니 시도해라. 나를 믿어라."

나는 눈을 감았다.

그분에게 순종하는 마음으로

그에게 가기로 결심했다.

그리고 그를 향해 나를 던졌다.

구덩이 밑으로 떨어져 내려가는 동안

나는 산산이 조각날 내 모습을 떠올리며

부들부들 떨고 있었다.

'나는 죽을 거야. 나는 무참히 깨져버릴 거야.'

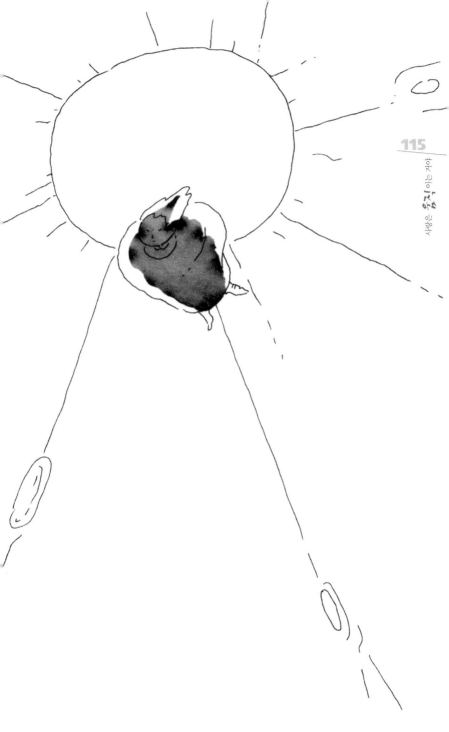

사랑은 유지되는 거야

'쨍그랑…… 쩍!'

사랑은 꿈이 아는 거야

그가 놀란 눈으로 나를 바라보았다.

항아리가 깨지고

나는 완전히 노출된 채로 그 앞에 있었다.

"왜 왔니?"

그가 두려움 섞인 목소리로 조심스럽게 내게 물었다.

"너를…… 너를 만나고

싶었어."

"나를…… 만나고 싶었다고?"

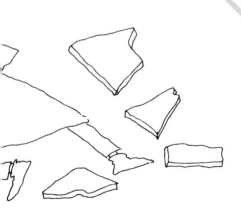

나는 마른 침을 삼키고 용기를 내어
또박또박 분명하게 대답했다.
"그래, 나는 너를 만나기 위해
저 위에 머물기를 포기했단다."

그가 떨리는 눈으로 나를 바라보았다.
나는 마지막으로 힘을 내어 덧붙였다.
"그리고…… 항아리까지도 포기했어."
무언가 거역할 수 없는 힘이
나를 지탱해주고 있음을 느낄 수 있었다.
나는 힘을 다해 마음을 토했다.
"친구야, 나는 너를 사랑한다.
내가 널 안아주어도 되겠니?"
순간 그의 팽팽히 긴장된 표정이 무너지는 것을
나는 보았다.

그는 아무 말도 하지 못했다.

나는 말없이 그를 끌어안았다.
거칠고 뾰족한 그의 항아리가
내 마음을 파고들어왔을 때
그의 상처와 고독이 그대로 나의 아픔이 되어
느껴져왔다.
나는 너무도 가슴이 아파
그를 끌어안은 채 엉엉 울기 시작했다.
그는 눈을 감고 숨을 죽여 흐느끼고 있었다.

사랑은 꿈이 아는 거야

그가 띄엄띄엄 울먹이며 말했다.

"오래 전부터 널 기다려왔어.

……그러나 네가 가까이 와도

나 스스로도 헤어날 수 없는 이곳으로

내려와 달라고는 차마 요구할 수 없었어.

네가 달아나버리면 더 괴로울 것 같아서……"

그가 나를 기다려왔다고 한다.
나는 가슴에서 뜨거운 것이 치밀어오는 것을 느꼈다.
"친구야, 더 빨리 오지 못해서 미안해. 내가 잘못했어."

나는 한층 더 강하게 그를 끌어안았다.
뾰족하고 거친 항아리가 마음에 닿는 것쯤은
아무렇지도 않았다.

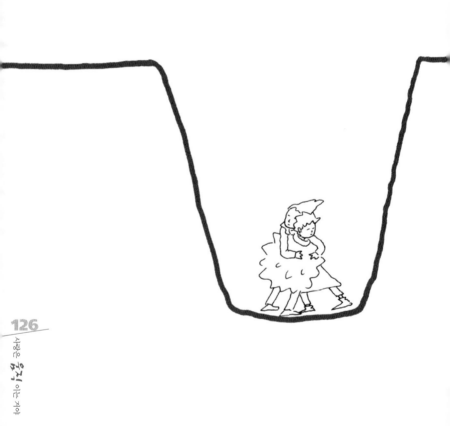

새싹은 흙이 아는 거야

우리는 한참 동안을 그렇게 있었다.

그가 얼마 후 내게 물었다.

"뛰어내리는 게 무섭지 않았니?"

"무서웠어."

"그런데 어떻게 여기까지 올 수 있었어?"

"나보다 너를 더 사랑해주는 분이 있어.

그분이 날 네게로 보내셨어."

"그분이 누군데?"

나는 예전에 내가 전해들은 그대로
그에게 그분의 이야기를 해주었다.
그는 전에 내게 한 번 들은 이야기인데도
처음 듣는 사람처럼 열심히 귀를 기울였다.
"……그런데 그분이 바로
너를 사랑하고 계신다는 거야."

내가 그분의 러브 스토리를 다 이야기했을 때
그는 나를 붙들고 통곡하기 시작했다.

사랑은 움직이는 거야

"몰랐었어. 옛날에 네게 그분의 얘기를 들었을 땐
그런 바보 같은 얘기가 어디 있냐고 생각했었어.
그런데 그게 바로 나를 향한 사랑이었다니……."

그는 더 이상 말을 잇지 못하고 엉엉 울었다.

세상은 꿈꾸는 자야

나는 그를 잠시 혼자 있게 해주고 싶었다.

그에게도 그분을 누리고 알아가는

잠시 동안의 시간이 필요하리라.

나는 항아리를 벗은 가뿐한 몸으로
구덩이에서 나왔다.
그제야 비로소 나를 살펴볼 시간을 가질 수 있었다.
놀랍게도 내 몸은 상처 하나 없이 온전했다.
그분의 약속 그대로였다.

게다가 여태 항아리 속에 감춰져 있어서
깨닫지 못했는데
어느 틈엔지 내 몸이
새로운 옷으로 갈아입혀져 있었다.
그 옷은 눈이 부시도록 희었다.

주위를 돌아보다가 나는 옛날의 친구를 발견했다.

그가 어색한 미소를 지으며 나를 보고 있었다.

내 마음 속에 그에게로 가야 한다는 부담이 있었다.

나는 용기를 내어 그에게 다가가기 시작했다.

나의 무방비 상태인 맨 마음을 앞세우고.

그런데 자세히 보니
내 마음이 그분의 마음으로
감싸여져 있는 것이 아닌가!
내가 안전했던 것은 당연한 일이었다.
나는 더 이상 아무것도
두려워할 필요가 없음을 알게 되었다.
'그래, 나는 그저 그분의 마음으로 그에게 다가가
안아주기만 하면 돼.'

내가 이 친구를 안아주고 있는 동안
멀리서 구덩이 속의 친구가 그분의 도움을 받으면서
그곳을 빠져나오는 모습을 보았다.
게다가 그가 망설이면서도 다른 항아리에게로
가까이 다가가기 시작하는 모습을 보고
너무나 기뻤다.
그가 정말로 사랑스럽게 느껴졌다.
나는 중요한 사실을 알게 되었다.
'그래, 사랑은 이론이 아니야, 움직이는 거야.'

사랑은 아는 것이다

또 다른 친구는
내 사랑을 받아들이고 그분의 사랑을 알게 되는 데
시간이 너무나 오래 걸렸지만
나는 조금밖에 실망하지 않았고
상처를 입어도 금방 회복하였다.
그의 변화를 조급하게 기다리며
짜증이 날 때도 있었지만
그분은 내게 인내하고 기다리며 사랑하는 방법을
조금씩 가르쳐주었다.

그도 머지않아 자기의 항아리를 차고 나와
또 다른 누구에게로
그분의 마음을 품고서 다가갈 것이라고
나는 그의 미래를 기대해본다.

安全第一！

나는 친구들을 안아주러 갈 때마다
언제나 처음과 같은 두려움을 느낀다.

세월은 유리 아는 거야

그러나 그분의 마음이 더 크게 나를 자극하기 때문에
나는 순종하는 마음으로 그에게로 간다.

내가 나의 친구들을 안아주면서 발견한 사실은
그들은 모두 여태 고독했으며 아파해왔다는 것이다.
그들은 한결같이 거절이 없는 사랑을
갈망해오고 있었다.
미소 짓는 겉표정과 달리 남모르게 눈물을 삼키는
그들의 진짜 얼굴을 우리는 보아야 한다.

새벽은 유지 아는 거야

우리가 사랑하지 않으면
사람들은 그분의 사랑을 알 수 없다.
그분의 사랑은 우리들의 사랑을 통해서만
설명되기 때문이다.
우리가 그분의 마음으로 그들을 안을 때
비로소 그들은 꾸밈 없는 미소를 짓게 될 것이다.
그리고 오래지 않아
그들도 역시 참사랑을 갈망하는 다른 이들에게
기꺼운 부담감을 안고 용기있게 다가갈 것이다.
나는 확신한다.

왜냐하면 '사랑하는 것'은 사랑받은 자의 의무이자
제2의 본성이기 때문이다.

에필로그

성경에는 사랑에 대한 무수한 말씀들이 나옵니다. 사랑을 고민하지 않을 때 그 말씀들은 내 삶과 무관한, 그저 지적인 묵상을 위해서 주어진 상투적인 말씀들일 뿐입니다. 그런데 사랑을 본격적으로 고민하기 시작하면 그 말씀들은 생명력을 가지고 재해석되어 나를 자극하기 시작합니다.

"사랑은 자기의 유익을 구하지 않는다. 자기의 자존심, 자기의 안전, 자기의 감정 손해를 계산하는 것은 사랑이 아니다."

"감정은 순간적인 것이다. 그러나 사랑은 오래 참고, 믿고, 바라고, 견디며, 기다리는 것이다. 너는 네 의지를 사용해야 한다."

"이때껏 나를 본 사람이 없었다. 그러니 알지 못하는 게 당연하다. 그러나 만약 너희가 서로 사랑하면 내가 너희 안에 함께 있어서 나의 사랑이 너희 안에서 온전히 이루어질 것이다. 그때 비로소 그들이 나를 알게 될 것이다."

"사랑 안에는 두려움이 없으며 온전한 사랑은 두려움을 내어쫓는단다."

"사랑은 자기를 내어주는 것이요, 자기를 희생하는 것이다."

"나는 거절당하고 상처 입을까봐 두려워하지만 내가 사망의 음침한 골짜기로 다닐지라도 해를 두려워하지 않을 것은 주께서 나와 함께 하심이라."

…….

우리는 사랑하지 않을래야 안 할 수가 없습니다.

이미 사랑을 알아버렸으니까요.

사랑은 움직 이는 거야

초판 발행 | 1994년 7월 10일
개정판 1쇄 발행 | 2003년 3월 7일
개정판 34쇄 발행 | 2019년 12월 31일

지은이 | 김수경
기 획 | 힐 커뮤니케이션
펴낸이 | 여진구
펴낸곳 | 규장

주소 | 137-893 서울시 서초구 양재2동 205 규장선교센터
전화 | 578-0003
팩스 | 578-7332

등록일 | 1978.8.14. 제1-22
이메일 | kyujang0691@gmail.com
홈페이지 | www.kyujang.com

ⓒ 저자와의 협약 아래 인지는 생략되었습니다.
이 출판물은 저작권법에 의해 보호를 받는 저작물이므로
무단 전재와 무단 복제를 할 수 없습니다.

책값 | 뒤표지에 있습니다.
ISBN 89-7046-895-1-03230

규 | 장 | 수 | 칙

1. 기도로 기획하고 기도로 제작한다.
2. 오직 그리스도의 성품을 사모하는 독자가 원하고 필요로 하는 책만을 출판한다.
3. 한 활자 한 문장에 온 정성을 쏟는다.
4. 성실과 정화을 생명으로 삼고 일한다.
5. 긍정적이며 적극적인 신앙과 신행일치에의 안내자의 사명을 다한다.
6. 충고와 조언을 항상 감사로 경청한다.
7. 지상목표는 문서선교에 있다.

> 하나님을 사랑하는 자 곧 그 뜻대로 부르심을 입은 자들에게는
> 모든 것이 合力하여 善을 이루느니라 (롬 8:28)

 Member of the Evangelical Christian Publishers Association

규장은 문서를 통해 복음전파와 신앙교육에 주력하는 국제적 출판사들의 협의체인 복음주의출판협회(E.C.P.A:Evangelical Christian Publishers Association)의 출판정신에 동참하는 회원(Associate Member)입니다.

규장 김수경 시리즈

타인의 상처와 시선으로 인해
낮은 자존감을 가진 현대인을 위한
자존감 회복 선언서.
나는 세상에서 가장 귀하고 중요한 사람이다!

미로 탈출 **2003년 개정판**

미로처럼 복잡하고 답답한 현대인의 삶에
탈출구와 진리를 전해주는 이야기.
미로를 뛰어넘은 새로운 차원의 삶을 통해
인생의 목적과 방향을 만날 수 있다!

GODpeople.com

크리스천 인터넷 - 갓피플 닷컴 www.Godpeople.com

최대의 기독교 인터넷 쇼핑몰

www.Godpeoplemall.com 주소창에 한글로 갓피플몰 입력

규장교회디자인연구소

교회로고, 전도지, 헌금봉투, 홍보지 교회맞춤 주문제작
cc.Godpeople.com, 주문 및 문의 02)578-0003(313)

우리는 사랑을 안 할 수가 없습니다.
이미 사랑을 알아버렸으니까요.

내가 어느 누구에게도
별로 소중한 존재가 아니라는 생각은
내 가슴을 너무도 아프게 했다.
이 일로 나는 심한 상처를 받았다.
상한 내 마음은 아직도 이렇게 외치고 있었다.
'나에게는 그 누구보다도 나를 소중하게 여겨줄
누군가가 필요해!'
……
나는 중요한 사실을 알게 되었다.
'그래, 사랑은 이론이 아니야.
움직이는 거야.'

- 본문 중에서

ISBN 89-7046-895-1
Printed in Korea   값 5,500원